RÉPUBLIQUE FRANÇAISE

MINISTÈRE DU COMMERCE, DE L'INDUSTRIE, DES POSTES ET DES TÉLÉGRAPHES

DIRECTION DU TRAVAIL

COMMISSION DE CODIFICATION DES LOIS OUVRIÈRES.

CODE DU TRAVAIL
ET DE LA PRÉVOYANCE SOCIALE

LIVRE IV

De la Juridiction. — De la Conciliation et de l'Arbitrage. — De la Représentation professionnelle

RAPPORTEUR : M. LABORDE

PARIS

IMPRIMERIE NATIONALE

1904

RAPPORT

DE LA COMMISSION DE CODIFICATION DES LOIS OUVRIÈRES (1)

SUR LE LIVRE IV :

DE LA JURIDICTION. — DE LA CONCILIATION ET DE L'ARBITRAGE. —
DE LA REPRÉSENTATION PROFESSIONNELLE

RAPPORTEUR : M. **LA BORDE,**

CONSEILLER À LA COUR DE CASSATION.

Le livre IV du Code du travail et de la prévoyance sociale est divisé en trois titres relatifs 1° à l'institution et au fonctionnement des conseils de prud'hommes, 2° aux conseils de conciliation et d'arbitrage, 3° à la représentation professionnelle. Il a donc pour objet principal de réunir les dispositions concernant le jugement ou le règlement des différends, d'ordre individuel ou collectif, qui sont susceptibles de surgir à l'occasion du contrat de travail.

Le titre III° peut paraître, à première vue, complètement étranger à la matière des deux premiers titres. Un examen plus attentif permet de saisir le lien par lequel il s'y rattache. L'organisation de conseils du travail aura pour effet de restreindre les causes de dissentiments entre les chefs d'industrie et les salariés; ces conseils constitueront à la fois des instruments d'ordre et de progrès et des agents de pacification dans les conflits qui peuvent survenir. Leur création a été ébauchée par le décret du 17 septembre 1900; mais il

---

(1) La Commission de codification des lois ouvrières est composée de MM. Louis Ricard, ancien Garde des Sceaux, Président, Bourguin, professeur adjoint à la Faculté de Droit de l'Université de Paris, Chapsal, directeur du Commerce et de l'Industrie au Ministère du commerce, Dubief, député, président de la Commission du travail, Duboin, conseiller à la Cour de cassation, Fontaine (Arthur), directeur du Travail au Ministère du commerce, Girard sénateur, Groussier, ancien député, Jay, professeur à la Faculté de Droit de l'Université de Paris, La Borde, conseiller à la Cour de Cassation, de Mouy, conseiller d'État, Paulet (Georges), directeur de l'Assurance et de la Prévoyance sociale au Ministère du Commerce, Strauss, sénateur, Vel-Durand, conseiller d'État. — Secrétaires : MM. Petit, docteur en droit, avocat à la Cour d'appel de Paris, Bourdeaux, juge suppléant au Tribunal civil de la Seine, Brice, chef de bureau au Ministère du Commerce.

n'existe en la matière aucune loi votée. Le titre de la représentation professionnelle n'est, par suite, en l'état, qu'un cadre destiné à recevoir les dispositions qui seront, un jour, adoptées pour combler une des lacunes les plus manifestes de la législation du travail.

En ce qui concerne les deux premiers titres, la Commission a dû se borner, conformément au but qui lui a été assigné, à coordonner les textes existants. Elle a fait subir à quelques-uns d'entre eux des modifications de pure forme nécessitées, le plus souvent, par leur classement dans un ordre nouveau. Pour rester dans les termes de son mandat, elle a, d'ailleurs, veillé à ce que le sens des articles retouchés ne fût pas altéré. Il suit de là que, notamment pour la législation des conseils de prud'hommes, le Code du travail, publié après son adoption par les Chambres, recevra son application conformément à la pratique fixée par l'œuvre séculaire de la jurisprudence administrative ou judiciaire.

Toutefois, sur quelques points de détail, la Commission a pensé qu'il lui était possible, sans sortir de sa mission, de modifier le fond en même temps que la forme. Lorsque les modifications immédiatement désirables lui ont paru de nature à soulever une question d'une certaine gravité, elle s'est bornée à les signaler dans la colonne réservée aux observations.

Nous passerons en revue, en suivant l'ordre des articles, les modifications ainsi adoptées ou proposées. Nous indiquerons aussi les raisons pour lesquelles plusieurs textes des lois à codifier n'ont pas été reproduits dans le livre IV.

TITRE Ier. — Des conseils de prud'hommes.

Les lois qui ont été refondues dans ce titre sont les suivantes :

Loi du 18 mars 1806, portant établissement d'un conseil de prud'hommes à Lyon.

Décret du 11 juin 1809, portant règlement sur les conseils de prud'hommes, révisé le 20 février 1810.

Décret du 3 août 1810, concernant la juridiction des conseils de prud'hommes.

Loi du 27 mai 1848, relative aux conseils de prud'hommes.

Loi du 7 août 1850, sur le timbre et l'enregistrement des actes concernant les conseils de prud'hommes.

Loi du 1er juin 1853, sur les conseils de prud'hommes, complétée par la loi du 24 novembre 1883.

Loi du 4 juin 1864, sur le régime disciplinaire des conseils de prud'hommes.

Loi du 7 février 1880 concernant : 1° la présidence et le secrétariat des conseils de prud'hommes; 2° l'abrogation de l'article 30 de la loi du 18 mars 1806.

Loi du 23 février 1881, relative à l'organisation des conseils de prud'hommes en Algérie.

Loi du 11 décembre 1884, sur les conseils de prud'hommes.

Il a été fait aussi un emprunt à l'article 27 de la loi du 22 janvier 1851, sur l'assistance judiciaire.

ART. 1ᵉʳ. — L'institution des conseils de prud'hommes a pour fondement la loi du 18 mars 1806, spéciale à l'industrie lyonnaise et portant établissement d'un conseil de prud'hommes à Lyon. L'article 34 de cette loi autorisait le Gouvernement à établir des conseils de prud'hommes dans les villes de fabriques où il le jugerait convenable. Le Gouvernement continuera à user de cette faculté sans qu'il soit besoin de rappeler, en termes exprès, qu'elle lui a été reconnue. L'article 1ᵉʳ du projet de Code, reproduisant le texte de la loi du 1ᵉʳ juin 1853, implique nécessairement qu'il a le droit de faire des créations dans les localités où elles sont utiles.

ART. 8. — Cet article est la copie de l'article 7 de la loi du 1ᵉʳ juin 1853. Il décide que la révision de la liste électorale est faite, dans chaque commune, par le maire assisté de deux assesseurs qu'il choisit, l'un parmi les électeurs patrons, l'autre parmi les électeurs ouvriers. La Commission ainsi composée remplit, en quelque sorte, le rôle de juge statuant en premier ressort sur les réclamations tendant à obtenir des inscriptions ou des radiations. Ses décisions sont de nature à exercer une influence sur la composition de la liste qui est, après ce travail préparatoire, dressée et arrêtée par le préfet.

Dans ces conditions, il semble peu rationnel de laisser au maire le soin de choisir ses assesseurs; la commission de révision offrirait de plus sérieuses garanties d'impartialité si la désignation des deux membres adjoints au maire était faite par le Conseil municipal. Il est proposé de modifier l'article 8 dans ce sens.

ART. 10. — Aux termes de l'article 13 du décret du 11 juin 1809, combiné avec l'article 9 de la loi du 1ᵉʳ juin 1853, l'élection des prud'hommes patrons et des prud'hommes ouvriers a lieu dans des assemblées présidées par le préfet ou par celui des fonctionnaires publics de l'arrondissement qu'il désigne. A ce mode de désignation la commission a substitué celui, emprunté à l'article 17 de la loi du 3 avril 1884, sur l'organisation municipale, qui consiste à donner la présidence du bureau de vote au maire ou aux adjoints ou aux conseillers municipaux dans l'ordre du tableau. Les élus de la commune sont, en effet, particulièrement désignés pour remplir cette fonction qui, dans la pratique, leur est déjà dévolue en vertu des délégations faites par les préfets.

Ce premier emprunt à la loi municipale doit, logiquement, en entraîner un autre. Il y a lieu d'appliquer à l'élection des prud'hommes les dispositions de l'article 19 de ladite loi qui appelle au bureau les deux plus âgés et les deux plus jeunes des électeurs présents au début de la séance et qui fait désigner ensuite un secrétaire par le président et les assesseurs. Telle est, d'ailleurs, la pratique uniformément suivie depuis un grand nombre d'années.

— 4 —

SECTION II. (Articles 19 à 26). — L'introduction dans le projet de Code d'une section relative aux dispositions spéciales à l'Algérie implique que, sous réserve de ces dispositions spéciales, toute la législation des conseils de prud'hommes est applicable dans notre colonie du nord de l'Afrique. Cette extension à l'Algérie de la législation en vigueur dans la métropole a été réalisée par l'article 1er de la loi du 23 février 1881, portant : « Les lois du « 1er juin 1853, 4 juin 1864 et 7 février 1880, concernant les conseils de « prud'hommes, ainsi que les dispositions de la législation antérieure mainte- « nues par l'article 19 de la loi du 1er juin 1853, sont applicables à l'Al- « gérie. » A une époque postérieure, une loi du 11 décembre 1884 a, sur un point spécial, complété et modifié la législation en vigueur, et il n'apparaît pas que cette loi ait été déclarée exécutoire en Algérie ni qu'elle y ait fait l'objet d'une publication spéciale. Elle y est, néanmoins, certainement exécutoire en vertu du principe, constamment consacré par la jurisprudence, que les lois purement modificatives de celles qui, déjà, régissent l'Algérie y sont applicables de plein droit.

CHAPITRE IV. Section II. (Article 87...). — Les articles 87 à 98 ont trait aux attributions des conseils de prud'hommes, relatives à la conservation de la propriété des dessins et à la tenue des registres constatant le nombre des métiers et des ouvriers employés dans les fabriques. Ces conseils possédaient ou même possèdent encore d'autres attributions se rapprochant de celles que nous venons d'indiquer.

Une d'elles a trait à la tenue des livres d'acquit institués par la loi du 18 mars 1806, pour faciliter les règlements de comptes entre les négociants-manufacturiers et les chefs d'ateliers. L'article 20 décide que ces livrets sont délivrés par le conseil de prud'hommes, et l'article 22 prescrit de tenir un registre sur lequel sont inscrits lesdits registres. — Ces dispositions, ainsi que toutes celles relatives aux livres d'acquit, ont été reportées au livre 1er du Code du travail (art. 48 à 56) où elles sont mieux à leur place.

Aux termes des articles 4 à 9 du décret du 11 juin 1809, les conseils de prud'hommes étaient investis d'attributions importantes en matière de marques de fabrique. L'article 6 du décret les faisait arbitres de la suffisance ou de l'insuffisance de différence entre les marques déjà déposées et celles proposées ou même entre celles déjà existantes. — Cette fonction d'arbitre s'exerçait notamment au sujet des marques collectives accordées par les décrets des 25 juillet 1810 et 22 décembre 1812 pour les fabriques de draps établies dans certaines villes. Lorsqu'il s'agissait des marques apposées sur les ouvrages de quincaillerie ou de coutellerie, les conseils de prud'hommes n'étaient pas seulement des arbitres; l'article 9 du décret du 5 septembre 1810 les instituait juges des actions en contrefaçon. Enfin, les décrets des 1er avril et 18 septembre 1811 leur donnaient un droit d'inspection pour l'exécution des mesures prescrivant l'apposition de certaines marques obligatoires sur les savons et variables selon la composition de ce produit.

Toutes ces attributions ont disparu, la loi du 23 juin 1857, sur les marques de fabrique et de commerce, ayant virtuellement abrogé les dispositions antérieures. Il n'y avait donc pas lieu d'en faire état dans le Code du travail.

Art. 92. — Cet article est la reproduction de l'article 18 de la loi du 18 mars 1806, avec une modification motivée par les considérations énoncées, en regard du texte, dans la colonne réservée aux observations.

Art. 101. — La commission estime que le mot « façonniers » devrait être substitué, dans cet article, au mot « teinturiers ». La raison de cette modification est indiquée dans la colonne observations.

Art. 104 et 105. — La matière de ces articles est fournie par l'article 4 du décret du 3 août 1810, ainsi conçu : « Tout délit tendant à troubler l'ordre « et la discipline de l'atelier, tout manquement grave des apprentis envers « leurs maîtres, pourront être punis, par les prud'hommes, d'un emprison- « nement qui n'excédera pas trois jours, sans préjudice de l'exécution de l'ar- « ticle 19, titre V, de la loi du 22 germinal an XI, et de la concurrence des « officiers de police et des tribunaux. L'expédition du prononcé des prud'- « hommes, certifiée par leur secrétaire, sera mise à exécution par le premier « agent de police ou de la force publique, à ce requis. »

En la matière, les prud'hommes exercent une juridiction disciplinaire. Les faits, qui leur ont été préalablement déférés à ce titre, peuvent encore servir de base à des poursuites devant les tribunaux de répression, lorsqu'ils constituent des délits ou des contraventions. C'est ce qui a été jugé, le 9 avril 1836, par la Cour de cassation, et ce qui découle, d'ailleurs, de la disposition de l'article précité réservant la concurrence des officiers de police et des tribunaux.

Le même article réserve l'exécution de l'article 19, titre V, de la loi du 22 germinal an XI, relative aux manufactures, fabriques ou ateliers, qui dé- cide que « Toutes les affaires de simple police entre les ouvriers et les ap- « prentis, les manufacturiers, fabricants et artisans, doivent être portées, à « Paris, devant le préfet de police; devant les commissaires généraux de po- « lice dans les villes où il y en a d'établis, et, dans les autres lieux, devant le « maire ou un de ses adjoints. »

Cette disposition est manifestement inapplicable à Paris et dans les autres localités où il existe des conseils de prud'hommes. La juridiction qu'elle ins- titue ne saurait se combiner avec l'action exercée devant les prud'hommes, pour les faits qui intéressent la discipline de l'atelier, d'une part, et les pour- suites devant les tribunaux de simple police, d'autre part. D'ailleurs, en quel- que lieu que ce soit, l'article 19 de la loi de germinal an XI doit être consi- dérée comme abrogé par la loi du 27 juin 1873 qui, réformant sur ce point le Code d'instruction criminelle et mettant fin au partage d'attributions qui avait jusque-là existé, en matière de police, entre les juges de paix et les maires, porte que « La connaissance des contraventions de police est attribuée « exclusivement au juge de paix du canton dans lequel elles ont été com- « mises ».

Ces considérations ont décidé la commission à ne pas reproduire dans le texte qu'elle a adopté la réserve de l'exécution de l'article 19 de la loi du 22 germinal an XI.

La Commission a encore modifié le texte en vigueur en laissant au procureur de la République le soin d'assurer l'exécution des condamnations à l'emprisonnement prononcées par les conseils de prud'hommes. La mode qui consiste à requérir le premier agent de police ou la force publique est trop expéditif et ne présente pas assez de garanties.

Art. 113. — Les conseils de prud'hommmes peuvent être dissous par décret du Président de la République. La loi ne fixe pas le délai dans lequel les électeurs doivent être convoqués pour procéder à la nomination des membres nouveaux du conseil. L'autorité administrative peut retarder cette convocation pendant un temps indéterminé. La latitude qui lui est ainsi laissée s'explique par cette considération que la dissolution d'un conseil de prud'hommes est souvent motivée par des incidents qui ne s'apaisent qu'à la longue. Une convocation hâtive des électeurs pourrait n'aboutir à aucun résultat ou obliger le Gouvernement à prononcer une nouvelle dissolution.

D'autre part et, en sens inverse, il ne faut pas que les travailleurs puissent être indéfiniment privés d'une juridiction qui répond à leurs besoins.

Après examen de la question, la Commission a admis une solution transactionnelle. Elle propose d'impartir, pour la convocation des électeurs, un délai maximum de deux mois.

CHAPITRE VII. — Ce chapitre renferme l'indication des sommes allouées aux secrétaires des conseils de prud'hommes, aux greffiers des tribunaux de commerce, aux huissiers et aux témoins. Son adoption par les Chambres aura cette conséquence qu'en ce qui concerne la juridiction des prud'hommes le tarif sera établi par une loi, alors qu'en principe l'élaboration des tarifs, qui constitue généralement une œuvre de détail complexe, est du domaine non de la loi, mais du réglement. Dans le cas actuel, le tarif est fait; il a subi l'épreuve du temps; son maintien dans le Code du travail lui assurera plus de stabilité, en le rendant moins susceptible de recevoir des modifications qui tendent toujours à l'aggravation des charges imposées aux justiciables.

Art. 123. — Lorsqu'il n'a pas été institué de conseil de prud'hommes, les litiges entre marchands fabricants, chefs d'atelier, contremaîtres, ouvriers et apprentis, découlant du contrat de travail, sont portés devant les tribunaux ordinaires. L'emploi de l'expression « tribunaux ordinaires » a été fait à dessin, à raison de la controverse existant sur le point de savoir si tous les litiges de la compétence des prud'hommes rentrent, le cas échéant, dans la juridiction des juges de paix ou s'ils ne se répartissent pas, selon qu'il prennent leur source dans un engagement civil ou commercial, entre les tribunaux de paix et les tribunaux de commerce. (Voir : Dalloz — Rep. suppl. V° Compétence civile des tribunaux de paix, n°s 68 à 71).

Dans les localités pour lesquelles il a été institué un conseil de prud'hommes, le fonctionnement de ce conseil peut être momentanément interrompu. C'est ce qui a lieu en cas de dissolution (article 113) et aussi lorsque le conseil, réduit de plus de moitié dans les circonstances prévues par l'article 17, est dans l'impossibilité de se constituer. Ces éventualités venant à se produire, il est inadmissible que les affaires de la compétence du conseil, qui présentent toujours un caractère d'urgence, restent en suspens. Il faut qu'elles trouvent des juges et, par suite, qu'elles puissent être portées devant les tribunaux ordinaires. Cette solution, imposée par la force même des choses, est expressément énoncée dans l'article 123.

Art. 124. — Cet article reproduit littéralement la disposition de l'article 5, § 3, de la loi du 25 mai 1838, dans la partie où elle peut s'appliquer à la matière qui fait l'objet du titre 1er.

La conciliation de l'article 5 précité et des articles 631 et 634, § 1er, du Code de commerce, a donné naissance à des controverses qui ne sont pas encore complètement épuisées.

Il y aurait lieu, d'après la jurisprudence, de faire une distinction, selon que l'ouvrier joue le rôle de demandeur ou qu'il est défendeur.

L'ouvrier demandeur peut, à son gré, porter son action devant le tribunal de commerce ou devant le juge de paix. La compétence du tribunal de commerce se justifie par ce fait qu'au regard du chef d'industrie, le contrat intervenu entre ce dernier et l'ouvrier a un caractère commercial, puisqu'il se rattache à des opérations industrielles. Le juge de paix peut aussi être saisi du litige parce que les droits et obligations, résultant pour l'ouvrier du contrat de travail, sont, en général, de nature exclusivement civile; l'ouvrier, qui en engageant ses services n'a pas fait acte de commerce, ne perd pas, en se constituant demandeur, le droit d'être jugé par la juridiction civile compétente à son égard, c'est-à-dire par le juge de paix auquel l'article 5, § 3, de la loi du 25 mai 1838 a attribué compétence pour connaître des engagements respectifs des maîtres et de leurs ouvriers et apprentis (Ch. civ. 5 février 1896, Dalloz, année 1896, 1re partie, page 598).

L'ouvrier défendeur n'est, en principe, justiciable que du juge de paix; cette attribution de compétence découle de ce que le contrat a, le plus souvent, en ce qui le concerne, un caractère purement civil.

Il semble qu'il devrait encore en être ainsi, même lorsque le contrat affecte un caractère commercial à l'égard des deux parties; l'article 5, § 3, de la loi du 25 mai 1838 est général et ne fait aucune distinction. La Cour de cassation a néanmoins jugé le contraire, par ce motif, dont on ne peut méconnaître la valeur juridique, que la juridiction du juge de paix est exclusivement civile et que la loi du 25 mai 1838 n'a eu pour objet que d'étendre les limites de sa compétence, en ce qui touche la valeur des demandes qui sont portées devant elle, sans déroger à l'ordre public des juridictions (Ch. civ., 23 mai 1882, Dalloz, année 1883, 1re partie, page 289).

La Commission a pensé que cet état de choses pourrait être modifié dans l'intérêt d'une bonne administration de la justice. Dans le cercle limité des rapports entre les marchands fabricants et leurs ouvriers, il n'apparaît pas qu'il y ait des inconvénients à ce que les juges de paix connaissent des affaires, même présentant un caractère commercial à l'égard des deux parties, lorsqu'elles découlent du contrat de travail. Il est désirable que toutes les causes, sans distinction, de la compétence des conseils de prud'hommes, puissent être portées, là où ces conseils n'existent pas, devant les juges de paix dont la juridiction semble, dans tous les cas, mieux appropriée que celle des tribunaux de commerce au jugement des différends entre patrons et ouvriers.

Ce but pouvait être réalisé par l'un des deux procédés ci-après indiqués :

1° Soit, substituer à l'article 124 un texte ainsi conçu : « Dans les cas « prévus à l'article précédent, les juges de paix connaissent, sans appel, « jusqu'à la valeur de cent francs, et, à charge d'appel, à quelque valeur que « la demande puisse s'élever, de *toutes* les contestations relatives aux engage- « ments respectifs soit des fabricants et ouvriers, soit des chefs d'atelier et des « compagnons ou apprentis » ;

2° Soit, modifier l'article 123 ainsi qu'il suit : « Lorsqu'il n'existe pas de « conseil de prud'hommes, lorsqu'il est dissous ou qu'il n'est pas constitué, « tous les litiges de la compétence des conseils de prud'hommes sont portés « devant le juge de paix, qui statue en dernier ressort ou à charge d'appel, « d'après la règle fixée par l'article 5 de la loi du 25 mai 1838 ». Dans ce cas, l'article 124 devrait être supprimé.

Après examen de la question, la Commission s'est arrêtée à la première de ces deux solutions.

TITRE II. — Des conseils de conciliation et d'arbitrage.

Ce titre renferme exclusivement les dispositions de la loi du 27 décembre 1892 sur la conciliation et l'arbitrage facultatifs en matière de différents collectifs entre patrons et ouvriers ou employés.

Les articles de la loi précitée ont été répartis dans quatre chapitres, dont les trois premiers ont des objets bien distincts.

Le chapitre Ier indique dans quel cas peut fonctionner la procédure de conciliation et d'arbitrage ; il fait connaître comment elle est mise en mouvement soit sur la demande des parties intéressées, soit d'office par le juge de paix.

Le chapitre II a trait à la tentative de conciliation.

Le chapitre III est relatif à l'arbitrage qui suit ou, plutôt, qui peut suivre la tentative de conciliation, lorsque celle-ci n'a pas abouti.

Le chapitre IV renferme les dispositions diverses qui ne pouvaient trouver place dans ceux qui le précèdent.

Dans la pratique, il s'est quelquefois produit une confusion entre la tentative de conciliation et l'arbitrage. Cette erreur a pu être la cause de quelques échecs à l'application de la loi. La séparation établie, dans le titre II, entre les deux phases de la procédure, aura, à ce point de vue, son utilité.

TITRE III. — De la représentation professionnelle.

Il n'existe, en cette matière, aucunes dispositions législatives.

DIVISION DU LIVRE.

LIVRE IV. — De la juridiction. — De la conciliation et de l'arbitrage. — De la représentation professionnelle.

TEXTE CODIFIÉ.	LOIS EN VIGUEUR.	OBSERVATIONS.

TITRE Ier. — Des Conseils de prud'hommes.

CHAPITRE Ier. — DE L'INSTITUTION DES CONSEILS DE PRUD'HOMMES.

TEXTE CODIFIÉ.	LOIS EN VIGUEUR.	OBSERVATIONS.
ART. 1er. — Les conseils de prud'hommes sont établis par décrets rendus dans la forme des règlements d'administration publique, après avis des chambres de commerce ou des chambres consultatives des Arts et Manufactures. Les décrets d'institution déterminent le nombre des membres de chaque Conseil. Ce nombre est de six au moins, non compris le président et le vice-président.	Loi du 1er juin 1853, article 1er. Loi du 18 mars 1806, article 34.	
ART. 2. — *Les Conseils de prud'hommes sont composés du même nombre de prud'hommes patrons et de prud'hommes ouvriers.*	Décret du 27 mai 1848, article 3, § 2.	
ART. 3. — *Leur circonscription territoriale est fixée par les décrets particuliers d'établissement de chaque Conseil.*	Décret du 11 juin 1809, article 11.	

CHAPITRE II. — DE LA NOMINATION DES MEMBRES DES CONSEILS DE PRUD'HOMMES.

SECTION Ire. — *Dispositions générales.*

TEXTE CODIFIÉ.	LOIS EN VIGUEUR.	OBSERVATIONS.
ART. 4. — Les membres des Conseils de prud'hommes sont élus par les patrons, chefs d'atelier, contremaîtres et ouvriers appartenant aux industries désignées dans les décrets d'institution.	Loi du 1er juin 1853, article 3.	
ART. 5. — Sont électeurs : 1° Les patrons, âgés de vingt-cinq ans accomplis, patentés depuis cinq ans au moins, et depuis trois ans dans la circonscription du Conseil; les associés en nom collectif, patentés ou non, âgés de vingt-cinq ans accomplis, exerçant depuis cinq ans une profession assujettie à la contribution des	Loi du 1er juin 1853, article 4.	

NOTA. — Les modifications au texte littéral des lois en vigueur sont signalées par des *italiques.*

TEXTE CODIFIÉ.	LOIS EN VIGUEUR.	OBSERVATIONS.
patentes, et domiciliés depuis trois ans dans la circonscription du Conseil ; 2° Les chefs d'atelier, contremaîtres et ouvriers, âgés de vingt-cinq ans accomplis, exerçant leur industrie depuis cinq ans au moins, et domiciliés depuis trois ans dans la circonscription du Conseil.		
ART. 6. — Sont éligibles les électeurs âgés de trente ans accomplis et sachant lire et écrire.	Loi du 1er juin 1853, article 5.	
ART. 7. — Les étrangers *ne sont* ni électeurs ni éligibles. *Il en est de même des individus désignés dans l'article 15 de la loi du 2 février 1852.*	Loi du 1er juin 1853, article 6.	
ART. 8. — Dans chaque commune de la circonscription, le maire assité de deux assesseurs *choisis par lui,* l'un parmi les électeurs patrons, l'autre parmi les électeurs ouvriers, inscrit les électeurs sur un tableau qu'il adresse ensuite au préfet. La liste électorale est dressée et arrêté par le préfet.	Loi du 1er juin 1853, article 7.	La désignation de assesseurs par le Conseil municipal présenterait de plus sérieuses garanties. Le texte de la loi serait utilement modifié dans ce sens.
ART. 9. — En cas de réclamation, le recours est ouvert devant le Conseil de préfecture ou devant les tribunaux civils, suivant les distinctions établies par la loi sur les élections municipales.	Loi du 1er juin 1853, article 8.	
ART. 10. — Les électeurs sont convoqués huit jours à l'avance par le préfet. *Les assemblées sont présidées et les bureaux de vote constitués d'après les règles fixées par les articles 17 à 19 de la loi du 5 avril 1884.*	Décret du 11 juin 1809, articles 13 et 17.	Voir le rapport page pour les modifications apportées au texte des art. 13 et 17 du décret du 11 juin 1809.
ART. 11. — Les patrons, réunis en assemblée particulière, nomment directement les prud'hommes patrons. Les contremaîtres, les chefs d'atelier et les ouvriers, également réunis en assemblée particulière, nomment les prud'hommes ouvriers en nombre égal à celui des patrons. Au premier tour, *l'élection n'a lieu qu'à la majorité absolue des suffrages. La majorité relative suffit au second tour.*	Loi du 1er juin 1853, article 9.	

TEXTE CODIFIÉ.	LOIS EN VIGUEUR.	OBSERVATIONS.
ART. 12. — Il est dressé procès-verbal des opérations électorales. Si ces opérations ne donnent lieu à aucune protestation, le président de chaque assemblée proclame prud'hommes ceux qui ont obtenu le plus de suffrages. En cas d'égalité de suffrages, le plus âgé est préféré.	Décret du 27 mai 1848, article 7.	
ART. 13. — En cas de protestation, le procès-verbal, avec les pièces à l'appui, est envoyé au préfet qui le transmet au Conseil de préfecture pour être statué dans la huitaine.	Décret du 27 mai 1848, article 8.	
ART. 14. — Les Conseils de prud'hommes sont renouvelés par moitié tous les trois ans. Le sort désigne ceux des prud'hommes qui sont *compris dans le premier renouvellement.* *Les membres sortants* sont *rééligibles.*	Loi du 1er juin 1853, article 10.	
ART. 15. — Lorsqu'il y a lieu de procéder au remplacement d'un ou de plusieurs membres d'un Conseil, le préfet convoque les électeurs. Tout membre élu en remplacement d'un autre ne demeure en fonctions que pendant la durée du mandat confié à son prédécesseur.	Loi du 1er juin 1853, article 10.	
ART. 16. — *Dans le cas d'abstention* collective soit des électeurs patrons, soit des électeurs ouvriers, ou lorsque les électeurs portent leurs suffrages sur le nom d'un candidat notoirement inéligible; lorsque les candidats élus refusent d'accepter le mandat ou lorsque les membres élus s'abstiennent systématiquement de siéger, il est procédé, dans la quinzaine, à de nouvelles élections pour compléter le Conseil.	Loi du 10 décembre 1884, article 1er.	
ART. 17. — Si, après ces nouvelles élections, les mêmes obstacles empêchent encore la constitution ou le fonctionnement du Conseil, les prud'hommes régulièrement élus, acceptant le mandat et se rendant aux convocations, constituent le Conseil et procèdent, pourvu que leur nombre soit au moins égal à la moitié du nombre total des membres dont le Conseil est composé.	Loi du 10 décembre 1884, article 1er.	
ART. 18. — Les prud'hommes prêtent entre les mains du préfet ou du fonctionnaire *public* qui le remplace, serment d'obéissance aux lois et de remplir leurs *fonctions* avec zèle et intégrité.	Décret du 11 juin 1809, article 30.	La partie politique du serment a disparu depuis le décret du 11 septembre 1870.

TEXTE CODIFIÉ.	LOIS EN VIGUEUR.	OBSERVATIONS.

SECTION II. — *Dispositions spéciales à l'Algérie.*

ART. 19. — Sont électeurs :

1° Les patrons âgés de vingt-cinq ans accomplis, patentés depuis trois ans au moins et depuis un an dans la circonscription du Conseil ;

2° Les chefs d'atelier, contremaîtres et ouvriers, âgés de vingt-cinq ans accomplis, exerçant leur industrie depuis trois ans au moins et domiciliés depuis un an dans la circonscription du Conseil.

Loi du 23 février 1881, article 2.

ART. 20. — Sont éligibles les électeurs âgés de trente ans accomplis, domiciliés depuis deux ans dans la circonscription du Conseil et sachant lire et écrire *le français.*

Loi du 23 février 1881, article 3.

ART. 21. — Dans la circonscription où l'importance de la population musulmane le comporte, les Conseils de prud'hommes comprennent des prud'hommes assesseurs musulmans.

Loi du 23 février 1881, article 4.

ART. 22. — Les décrets d'institution déterminant le nombre des membres de chaque Conseil fixent celui des prud'hommes assesseurs musulmans.

Les patrons assesseurs musulmans et les ouvriers assesseurs musulmans sont toujours en nombre égal dans chaque catégorie.

Loi du 23 février 1881, article 4.

ART. 23. — Dans les causes où se trouvent un ou plusieurs musulmans non naturalisés, le bureau particulier et le bureau général comprennent deux prud'hommes assesseurs musulmans, l'un patron, l'autre ouvrier, ayant voix consultative.

Loi du 23 février 1881, article 5.

ART. 24. — Les prud'hommes assesseurs musulmans sont élus par les musulmans non naturalisés remplissant les conditions indiquées à *l'article 19 ci-dessus.*

La liste de ces électeurs est dressée séparément.

Loi du 23 février 1881, article 6.

ART. 25. — L'élection a lieu dans les mêmes formes que pour les autres prud'hommes.

Les conditions d'éligibilité sont les mêmes. Toutefois, il suffit, pour l'assessorat, que les candidats parlent le français, s'ils savent lire et écrire leur langue maternelle.

Loi du 23 février 1881, article 7.

TEXTE CODIFIÉ.	LOIS EN VIGUEUR.	OBSERVATIONS.
ART. 26. — Les prud'hommes assesseurs musulmans sont, comme les autres prud'hommes, renouvelés par moitié tous les trois ans.	Loi du 23 février 1881, article 8.	

CHAPITRE III. — DE L'ORGANISATION DES CONSEILS DE PRUD'HOMMES.

TEXTE CODIFIÉ.	LOIS EN VIGUEUR.	OBSERVATIONS.
ART. 27. — *Un président et un vice-président, pris dans le Conseil, sont élus, en assemblé générale, à la majorité absolue des membres présents.* En cas de partage des voix et après deux tours de scrutin, le candidat le plus ancien en fonctions est élu. Si les deux candidats ont le même temps de service, la préférence est accordée au plus âgé. *Cette dernière disposition est applicable dans le cas de création d'un nouveau Conseil.*	Loi du 7 février 1880 article 1er.	
ART. 28. — Lorsque le président est choisi parmi les prud'hommes patrons, le vice-président ne peut l'être que parmi les prud'hommes ouvriers, et réciproquement. Toutefois dans le cas exceptionnel prévu par l'article 17, le président et le vice-président peuvent être, l'un et l'autre, des prud'hommes patrons ou des prud'hommes ouvriers.	Loi du 7 février 1880, article 2.	
ART. 29. — *Le président et le vice-président sont nommés pour un an.* Ils sont rééligibles.	Loi du 7 février 1880, article 3.	
ART. 30. — Un secrétaire, nommé à la majorité absolue des suffrages, est attaché au Conseil. Il peut être révoqué à volonté, mais *seulement* par une délibération signée des deux tiers des prud'hommes. Il a la garde des archives et tient la plume pendant les séances.	Loi du 7 février 1880, article 5. Décret du 11 juin 1809, article 26.	
ART. 31. — *Les Conseils de prud'hommes comprennent un bureau particulier et un bureau général.*		Cet article a été ajouté aux textes en vigueur pour faire mieux ressortir le mode d'organisation des Conseils de prud'hommes.
ART. 32. — Le bureau particulier est chargé de concilier les différends qui sont de la compétence du Conseil. Il tient, à cet effet, une audience au moins par semaine.	Loi du 18 mars 1806, article 6. Loi du 27 mai 1848, article 2.	

TEXTE CODIFIÉ.	LOIS EN VIGUEUR.	OBSERVATIONS.
ART. 33. — Ce bureau est composé de deux membres, l'un patron et l'autre ouvrier. Il est présidé alternativement par un patron et par un ouvrier, suivant un roulement établi par le règlement intérieur de chaque conseil. Par dérogation aux dispositions qui précèdent, dans le cas prévu par l'article 17, les deux membres du bureau peuvent être pris, soit parmi les prud'hommes patrons, soit parmi les prud'hommes ouvriers.	Décret du 11 juin 1809, article 21. Décret du 27 mai 1848, article 22. Loi du 7 février 1880, article 4. Loi du 10 décembre 1884, article 2.	
ART. 34. — *Le bureau général juge les contestations que le bureau particulier n'est pas parvenu à concilier.* *Il se réunit, à cet effet,* au moins deux fois par mois.	Décret du 27 mai 1848, article 23.	
ART. 35. — Le bureau général est composé, indépendamment du président ou du vice-président, d'un nombre égal de prud'hommes patrons et de prud'hommes ouvriers. Ce nombre est au moins de deux prud'hommes patrons et de deux prud'hommes ouvriers, quel que soit celui des membres du Conseil. Par exception, dans le cas prévu par l'article 17, les quatre membres sont pris sans distinction de qualité parmi les prud'hommes installés.	Loi du 1er juin 1853, article 11.	
ART. 36. — Les délibérations du bureau général sont *prises* à la majorité absolue des membres présents.	Décret du 11 juin 1809, article 24.	
ART. 37. — Toutes les fonctions des prud'hommes et de leurs bureaux sont entièrement gratuites *à l'égard des parties. Il ne peut être réclamé,* pour les formalités remplies par eux, d'autres frais que le remboursement du papier et du timbre.		

CHAPITRE IV. — Des attributions des Conseils de prud'hommes

Section I. — *Des attributions en matière civile.*

§ 1er. — De la compétence des Conseils. — Des jugements définitifs et de leur exécution.

ART. 38. — Les marchands-fabricants, chefs d'atelier, contremaîtres, ouvriers, compagnons ou apprentis *sont seuls justiciables des conseils de prud'hommes. Ils cessent d'être justiciables de ces conseils lorsque les contestations portent sur des affaires autres que celles relatives à la branche*	Décret du 11 juin 1809, article 10.	

TEXTE CODIFIÉ.	LOIS EN VIGUEUR.	OBSERVATIONS.
d'industrie qu'ils exercent et aux conventions dont cette industrie a été l'objet. *Pour les contestations de cette nature, les juges ordinaires restent compétents.*		
ART. 39. — Les conseils de prud'hommes ne connaissent que comme arbitres des difficultés, entre un fabricant et ses ouvriers contremaîtres, relatives aux opérations de la fabrique.	Décret du 11 juin 1809, article 12.	
ART. 40. — La juridiction des conseils de prud'hommes s'étend sur tous les marchands fabricants, les chefs d'ateliers, contremaîtres, teinturiers, ouvriers, compagnons et apprentis travaillant pour la fabrique du lieu ou du canton de la situation de la fabrique, suivant qu'il sera exprimé dans les décrets particuliers d'établissement de chacun de ces conseils, à raison des localités, quel que soit l'endroit de la résidence desdits ouvriers.	Décret du 11 juin 1809, article 11.	
ART. 41. — Les jugements des conseils de prud'hommes sont définitifs et sans appel lorsque le chiffre de la demande n'excède pas deux cents francs en capital. Au-dessus de deux cents francs, les jugements sont sujets à l'appel devant le Tribunal de commerce.	Loi du 1er juin 1853, article 13.	
ART. 42. — L'appel n'est pas recevable après les trois mois de la signification faite par l'huissier attaché au Conseil.	Décret du 11 juin 1809, article 38.	
ART. 43. — Les minutes de tous les jugements sont portées par le secrétaire sur la feuille de la séance. Ils sont signés par le président ou le vice-président et par le secrétaire.	Décret du 11 juin 1809, article 27. Loi du 1er juin 1853, article 12.	
ART. 44. — Les jugements peuvent être mis à exécution vingt-quatre heures après la signification faite à la partie condamnée par l'huissier attaché au Conseil.	Décret du 11 juin 1809, article 27.	
ART. 45. — Lorsque le chiffre de la demande excède deux cents francs, le jugement peut ordonner l'exécution immédiate, à titre de provision et nonobstant appel, jusqu'à concurrence de cette somme, sans qu'il soit nécessaire de fournir caution. Pour le surplus, l'exécution provisoire ne peut être ordonnée qu'à la charge de fournir caution.	Loi du 1er juin 1853, article 14.	
ART. 46. — Dans les cas urgents, les conseils de prud'hommes, de même que les bureaux particuliers, peuvent ordonner les mesures qu'ils jugent	Décret du 11 juin 1809, article 28.	

TEXTE CODIFIÉ.	LOIS EN VIGUEUR.	OBSERVATIONS.
nécessaires pour empêcher que les objets donnant lieu à une réclamation ne soient enlevés, déplacés ou détériorés.		

§ II. — Des citations.

TEXTE CODIFIÉ.	LOIS EN VIGUEUR.	OBSERVATIONS.
ART. 47. — *Tout justiciable* appelé devant les prud'hommes est tenu, sur une simple lettre du secrétaire, de s'y rendre en personne, au jour et à l'heure fixés, sans pouvoir se faire remplacer, hors le cas d'absence ou de maladie. Dans ces deux cas seulement il est admis à se faire remplacer par un de ses parents, négociant ou marchand exclusivement, porteur de sa procuration.	Décret du 11 juin 1809, article 29.	
ART. 48. — Lorsque la partie qui a été invitée par le secrétaire à se rendre au bureau particulier ou au bureau général ne comparaît pas, il lui est donné citation par l'huissier attaché au Conseil.	Décret du 11 juin 1809, articles 30 et 31.	
ART. 49. — La citation contient la date des jour, mois et an où elle est délivrée, les nom, profession et domicile du demandeur, les nom et domicile du défendeur, et elle énonce sommairement les faits qui le font appeler.	Décret du 11 juin 1809, articles 30 et 31.	
ART. 50. — La citation est notifiée au domicile du défendeur. Il doit y avoir *un jour franc* entre le jour de la citation et celui qui est indiqué pour la comparution. Si la partie est domiciliée au delà de trois myriamètres, *le délai* est augmenté d'un jour par trois myriamètres.	Décret du 11 juin 1809, article 31.	
ART. 51. — *En cas d'inobservation* des délais, si le défendeur ne *comparaît* pas, les prud'hommes ordonnent qu'il *soit cité de nouveau.* Les frais de la première citation sont *alors* à la charge du demandeur.	Décret du 11 juin 1809, article 31.	
ART. 52. — Les parties peuvent toujours se présenter volontairement devant les prud'hommes pour être conciliées par eux. Dans ce cas, elles sont tenues de déclarer qu'elles demandent leurs bons offices. Cette déclaration est signée par eux, ou mention en est faite si elles ne savent signer.	Décret du 11 juin 1809, article 58.	

TEXTE CODIFIÉ.	LOIS EN VIGUEUR.	OBSERVATIONS.

§ III. — Des séances du bureau particulier et du bureau général, et de la comparution des parties.

Art. 53. — Au jour fixé par la lettre du secrétaire ou pour la citation, les parties comparaissent devant le bureau particulier, sans pouvoir être admises à faire signifier aucunes défenses.	Décret du 11 juin 1809, article 32.	
Art. 54. — Elles sont tenues de s'expliquer avec modération et de se conduire avec respect. Si elles ne le font point, elles sont d'abord rappelées à leurs devoirs par une observation du prud'homme *président*. En cas de récidive, le bureau particulier peut les condamner à une amende qui n'excédera pas dix francs, avec affiche du jugement dans la ville où siège le Conseil.	Même décret, article 33.	
Art. 55. — Dans le cas d'insulte ou d'irrévérence grave, le bureau particulier dresse procès-verbal et peut *prononcer une condamnation à un emprisonnement qui n'excédera pas trois jours.*	Même décret, article 34.	
Art. 56. — Les jugements, dans les cas prévus par les deux articles qui précèdent, sont exécutoires par provision.	Même décret, article 35.	
Art. 57. — Les parties sont d'abord entendues contradictoirement. Le bureau particulier ne néglige rien pour les concilier. S'il ne peut y parvenir, il les renvoie devant le bureau général qui statue sur le champ.	Même décret, article 36.	
Art. 58. — Lorsqu'une des parties veut s'inscrire en faux, dénie l'écriture ou déclare ne pas la reconnaître, le président du bureau général lui en donne acte; il paraphe les pièces et renvoie la cause devant les juges *compétents*.	Même décret, article 37.	

§ IV. — Des jugements par défaut et des oppositions à ces jugements.

Art. 59. — Si, au jour indiqué par la lettre du secrétaire ou par la citation, l'une des parties ne comparaît pas, la cause est jugée par défaut, sauf l'envoi d'une nouvelle citation dans le cas prévu par l'article 51.	Décret du 11 juin 1809, article 41.	
Art. 60. — La partie condamnée par défaut peut former opposition dans les trois jours de la signification du jugement faite par l'huissier du Conseil.	Même décret, article 42.	

TÉXTE CODIFIÉ.	LOIS EN VIGUEUR.	OBSERVATIONS.
ART. 61. — *L'opposition est notifiée par l'huissier du conseil.* Elle énonce sommairement les moyens et contient assignation au premier jour de séance du Conseil, en observant les délais prescrits pour les citations; elle indique les jour et heure de la comparution.	Décret du 11 juin 1809, article 42.	
ART. 62. — Lorsque le Conseil sait, par lui même ou par les représentations qui lui sont faites par les proches voisins ou amis du défendeur, que celui-ci n'a pu être instruit de la contestation, il peut, en adjugeant le défaut, fixer, pour le délai de l'opposition, le temps qui lui paraît convenable.	Même décret, article 43.	
ART. 63. — Dans les cas où la prorogation n'a été ni accordée d'office, ni demandée, le défaillant peut être relevé de la rigueur du délai et admis à opposition en justifiant qu'à raison d'absence ou de maladie grave, il n'a pu être instruit de la contestation.	*Idem.*	
ART. 64. — La partie opposante qui se laisse juger une seconde fois par défaut n'est pas admise à former une nouvelle opposition.	Même décret, article 44.	
ART. 65. — Les jugements par défaut qui n'ont pas été exécutés dans le délai de six mois sont réputés non avenus.	Loi du 1er juin 1853, article 15.	

§ V. — Des jugements qui ne sont pas définitifs et de leur exécution.

TÉXTE CODIFIÉ.	LOIS EN VIGUEUR.	OBSERVATIONS.
ART. 66. — Les jugements qui ne sont pas définitifs ne sont pas expédiés lorsqu'ils ont été rendus contradictoirement et prononcés en présence des parties.	Décret du 11 juin 1809, article 45.	
ART. 67. — Dans le cas où un jugement ordonne une mesure d'instruction à laquelle les parties devraient assister, il indique le lieu, le jour et l'heure; et le prononcé vaut citation.	*Idem.*	
ART. 68. — Lorsqu'un ou plusieurs prud'hommes jugent devoir se transporter dans une manufacture ou dans un atelier pour vérifier l'exactitude de faits allégués, ils sont accompagnés par leur secrétaire qui apporte la minute du jugement préparatoire.	Même décret, article 46.	

TEXTE CODIFIÉ.	LOIS EN VIGUEUR.	OBSERVATIONS.
ART. 69. — Il n'y a lieu à l'appel des jugements préparatoires qu'après le jugement définitif et conjointement avec l'appel de ce jugement ; mais l'exécution des jugements préparatoires ne porte aucun préjudice aux droits des parties sur l'appel, sans qu'elles soient obligées de faire, à cet égard, aucune protestation ni réserve.	Même décret. Art. 47.	

§ VI. — Des enquêtes.

TEXTE CODIFIÉ.	LOIS EN VIGUEUR.	OBSERVATIONS.
ART. 70. — Si les faits *sur lesquels les parties sont en désaccord sont susceptibles* d'être constatés par témoins et si le conseil des prud'hommes juge la vérification utile et admissible, il ordonne la preuve et en fixe l'objet.	Décret du 11 juin 1809. Art. 48.	
ART. 71. — Au jour indiqué, chaque témoin, avant d'être entendu, déclare ses noms, profession, âge et demeure, s'il est parent ou allié de l'une des parties, à quel degré, s'il est serviteur ou domestique de l'une d'elles ; il fait serment de dire vérité.	Même décret. Art. 49.	Le texte modifié en la forme, reproduit celui de l'article 262 du code de procédure civile.
ART. 72. — Les témoins sont entendus séparément, hors ou en présence des parties, suivant la décision du conseil. Les parties sont tenues de fournir leurs reproches avant la déposition et de les signer ; si elles ne peuvent ou ne savent signer, il en est fait mention.	Même décret. Art. 55.	
ART. 73. — Les parties ne doivent pas interrompre les témoins. Après la déposition, le président, sur la réquisition des parties et même d'office, fait au témoin les interpellations qu'il juge convenables.	Même décret. Art. 51.	
ART. 74. — Dans les causes sujettes à l'appel, le secrétaire du conseil dresse procès-verbal de l'audition des témoins. Le procès-verbal contient les noms, profession, âge et demeure des témoins, leur déclaration s'ils sont parents, alliés, serviteurs ou domestiques des parties, leur serment de dire la vérité et les reproches qui auraient été fournis contre eux. Chaque témoin signe sa déposition après que lecture lui en a été donnée, ou mention est faite qu'il ne sait ou ne peut signer.	Décret du 11 juin 1809. Art. 52.	

TEXTE CODIFIÉ.	LOIS EN VIGUEUR.	OBSERVATIONS.
Le procès-verbal est en outre signé par le président et par le secrétaire.		
ART. 75. — Il est procédé immédiatement au jugement ou, au plus tard, à la séance *suivante*.	Même décret. Art. 52.	
ART. 76. — Dans les causes de nature à être jugées en dernier ressort, il n'est point dressé de procès-verbal; mais le jugement énonce les noms, âge, profession et demeure des témoins, leur déclaration s'ils sont parents, alliés, serviteurs ou domestiques des parties, leur serment, les reproches et le résultat des dépositions.	Même décret. Art. 53.	

§ VII. — De la récusation des prud'hommes.

TEXTE CODIFIÉ.	LOIS EN VIGUEUR.	OBSERVATIONS.
ART. 77. — Un ou plusieurs prud'hommes peuvent être récusés pour les causes ci-après : 1° S'ils ont un intérêt personnel dans la contestation; 2° S'ils sont parents ou alliés de l'une des parties jusqu'au degré de cousin germain inclusivement; 3° Si, dans l'année qui a précédé la récusation, il y a eu procès criminel entre eux et l'une des parties ou son conjoint, ou ses parents et alliés en ligne directe; 4° S'il y a procès civil existant entre eux et l'une des parties ou son conjoint; 5° S'ils ont donné un avis écrit dans l'affaire.	Décret du 11 juin 1809. Art. 54.	
ART. 78. — *La récusation est proposée dans un acte qui en contient les moyens* et qui est signifié au secrétaire du conseil par le premier huissier requis.	Même décret. Art. 55.	
ART. 79. — L'exploit est signé, sur l'original et sur la copie, par la partie ou par son fondé de pouvoir. La copie est déposée sur le bureau du conseil et communiquée immédiatement au prud'homme qui est récusé.	Même décret. Art. 55.	
ART. 80. — Dans le délai de deux jours, le prud'homme est tenu d'écrire, au bas de l'acte, sa déclaration portant son acquiescement à la récusation ou son refus de s'abstenir; *il énonce aussi ses réponses aux moyens de récusation.*	Décret du 11 juin 1809. Art. 56.	

TEXTE CODIFIÉ.	LOIS EN VIGUEUR.	OBSERVATIONS.
ART. 81. — Dans les trois jours de la réponse du prud'homme qui refuse de s'abstenir ou faute par lui de répondre, une expédition de l'acte de récusation et de la déclaration du prud'homme, s'il y en a une, est envoyée par le président du conseil au président du tribunal de commerce dans le ressort duquel le conseil est situé.	Même décret. Art. 57.	
ART. 82. — *Le tribunal de commerce juge la récusation, en dernier ressort, dans la huitaine, sans qu'il soit besoin d'appeler les parties.*	Même décret. Art. 57.	

§ VIII. — Du timbre et de l'enregistrement des actes concernant les conseils de prud'hommes.

ART. 83. — Dans les contestations entre patrons et ouvriers devant les conseils de prud'hommes, les actes de procédure, ainsi que les jugements et les actes nécessaires à leur exécution, sont rédigés sur papier visé pour timbre, conformément à l'article 70 de la loi du 22 frimaire an VII. L'enregistrement a lieu en débet.	Loi du 7 août 1850. Art. 1er.	
ART. 84. — Les dispositions de l'article 83 ci-dessus sont applicables aux causes du ressort des conseils de prud'hommes portées en appel ou devant la cour de cassation.	Même loi. Art. 2.	
ART. 85. — Le visa pour timbre est donné sur l'original au moment de son enregistrement.	Même loi. Art. 3.	
ART. 86. — La partie qui succombe est condamnée aux dépens envers le Trésor; le recouvrement a lieu suivant les règles ordinaires contre la partie condamnée.	Même loi. Art. 4.	

SECTION II. — *Des attributions des prud'hommes en matière administrative et de police.*

§ 1er. — De la conservation de la propriété des dessins.

ART. 87. — Le conseil des prud'hommes est chargé des mesures conservatoires de la propriété des dessins.	Loi du 18 mars 1806. Art. 14.	

TEXTE CODIFIÉ.	LOIS EN VIGUEUR.	OBSERVATIONS.
ART. 88. — Tout fabricant qui veut pouvoir revendiquer, devant le tribunal de commerce, la propriété d'un dessin de son invention, est tenu d'en déposer aux archives du conseil des prud'hommes un échantillon plié sous enveloppe revêtue de ses cachet et signature. Le cachet du conseil est également apposé sur l'enveloppe.	Loi du 18 mars 1806. Art. 15.	
ART. 89. — Les dépôts de dessins sont inscrits sur un registre spécial. Le conseil des prud'hommes délivre aux déposants un certificat rappelant le numéro d'ordre du paquet déposé et constatant la date du dépôt.	Même loi. Art. 16.	
ART. 90. — En cas de contestation sur la propriété d'un dessin, le conseil des prud'hommes procède à l'ouverture des paquets déposés par les parties et fournit un certificat indiquant le nom du fabricant qui a la priorité de date.	Même loi. Art. 17.	
ART. 91. — En déposant son échantillon, le fabricant déclare s'il entend se réserver la propriété pendant une, trois ou cinq années, ou à perpétuité. Il est tenu note de sa déclaration.	Même loi. Art. 18.	
ART. 92. — A l'expiration du délai fixé par la déclaration, si la réserve est temporaire, tout paquet d'échantillons déposé sous cachet aux archives du conseil doit être transmis au *Conservatoire des arts ou aux archives municipales.*	Même loi. Art. 18........	La loi du 18 mars 1806, qui ne s'appliquait qu'à l'industrie lyonnaise, ordonnait le dépôt au Conservatoire des arts de la ville de Lyon. Cet établissement a été supprimé; la ville de Paris possède seule un Conservatoire des arts et métiers. Dans toutes les autres localités l'usage, résultant d'une pratique constante, est d'effectuer le dépôt aux archives municipales. Le texte, dans sa nouvelle rédaction, consacre cet usage.
ART. 93. — *Au moment du dépôt de son échantillon, le déposant acquitte entre les mains du* receveur de la commune une indemnité qui est réglée par le conseil de prud'hommes. Cette indemnité ne peut excéder un franc pour chacune des années pendant lesquelles l'*intéressé* veut conserver la propriété exclusive de son dessin; elle est de dix francs pour la propriété perpétuelle.	Même loi. Art. 19.	

TEXTE CODIFIÉ.	LOIS EN VIGUEUR.	OBSERVATIONS.

§ II. — De la tenue de registres constatant le nombre des métiers et des ouvriers. — De l'inspection dans les ateliers.

TEXTE CODIFIÉ.	LOIS EN VIGUEUR.	OBSERVATIONS.
ART. 94. — Le conseil de prud'hommes tient un registre exact du nombre des métiers existant et du nombre d'ouvriers de tout genre employés dans les fabriques, pour lesdits renseignements être transmis à la Chambre de commerce toutes les fois qu'il en est requis. A cet effet, les prud'hommes sont autorisés à faire dans les ateliers une ou deux inspections par an.	Loi du 18 mars 1806. Art. 20.	
ART. 95. — Cette inspection a pour unique objet de recueillir les informations ci-dessus précisées. En aucun cas, les prud'hommes ne peuvent en profiter pour exiger la communication des livres d'affaires et des procédés nouveaux de fabrication que l'on voudrait tenir secrets.	Décret du 11 juin 1809. Art. 65.	
ART. 96. — Elle n'a lieu qu'après que le propriétaire de l'atelier a été prévenu deux jours au moins à l'avance. Celui-ci est tenu de donner un état exact du nombre de métiers en activité et des ouvriers qu'il occupe.	Même décret. Art. 64.	
ART. 97. — Si, pour effectuer leur inspection, les prud'hommes ont besoin du concours de la police municipale, cette police est tenue de leur fournir tous les renseignements et toutes les facilités qui sont en son pouvoir.	Même décret. Art. 66.	
ART. 98. — L'autorité administrative peut, lorsqu'elle le juge convenable, réunir les conseils de prud'hommes qui doivent donner leur avis sur les questions qui leur sont posées.	Loi du 1er juin 1853. Art. 17.	

§ III. — Des attributions en matière de police.

TEXTE CODIFIÉ.	LOIS EN VIGUEUR.	OBSERVATIONS.
ART. 99. — Le conseil de prud'hommes est spécialement chargé de constater, d'après les plaintes qui peuvent lui être adressées, les contraventions aux lois ou règlements.	Loi du 18 mars 1806. Art. 10.	
ART. 100. — Les procès-verbaux dressés par les prud'hommes pour constater ces contraventions sont renvoyés aux tribunaux compétents ainsi que les objets saisis.	Même loi. Art. 11.	

TEXTE CODIFIÉ.	LOIS EN VIGUEUR.	OBSERVATIONS.
Art. 101. — Le conseil de prud'hommes constate également, sur les plaintes qui lui sont portées, les soustractions de matières premières qui pourraient être faites par les ouvriers au préjudice des fabricants et les infidélités commises par les teinturiers.	Même loi. Art. 12.	Il faudrait remplacer le mot *teinturiers* par le mot *façonniers*. L'emploi de la première de ces expressions ne s'explique que par l'objet limité de la loi du 18 mars 1806.
Art. 102. — Les prud'hommes, dans les cas ci-dessus et sur la réquisition écrite ou verbale des parties, peuvent, au nombre de deux, au moins, dont un fabricant ou un chef d'atelier, et avec l'assistance d'un officier public, faire des visites chez les fabricants, chefs d'atelier, ouvriers et compagnons.	Même loi. Art. 13.	
Art. 103. — Les procès-verbaux constatant les soustractions ou infidélités sont adressés au bureau général des prud'hommes et envoyés, ainsi que les objets formant pièce de conviction, aux tribunaux compétents.	Même loi. Art. 13.	
Art. 104. — Tout délit tendant à troubler l'ordre et la discipline de l'atelier, tout manquement grave des apprentis envers leurs maîtres, peut être puni par les prud'hommes d'un emprisonnement qui n'excédera pas trois jours, sans préjudice de la concurrence des officiers de police et des tribunaux.	Décret du 3 août 1810. Art. 4.	
Art. 105. — L'expédition du jugement des prud'hommes, certifié par le secrétaire, est transmis, *pour exécution*, *au procureur de la République*.	Même décret. Art. 4.	

CHAPITRE V. — Du RÉGIME DISCIPLINAIRE DES CONSEILS DE PRUD'HOMMES.

Art. 106. — Tout membre d'un conseil de prud'hommes qui, sans motifs légitimes et après mise en demeure, se refuse à remplir le service auquel il est appelé, peut être déclaré démissionnaire.	Loi du 4 juin 1864. Art. 1er.	
Art. 107. — Le président constate le refus de service par un procès-verbal contenant l'avis motivé du conseil, le prud'homme préalablement entendu ou dûment appelé. Si le conseil n'émet pas son avis dans le délai d'un mois à dater de la convocation, il est passé outre.	Même loi. Art. 1er.	

TEXTE CODIFIÉ.	LOIS EN VIGUEUR.	OBSERVATIONS.
ART. 108. — Sur le vu du procès-verbal, la démission est déclarée par arrêté du préfet. En cas de réclamation, il est statué définitivement par le Ministre *du commerce*, sauf recours au conseil d'État pour excès de pouvoir.	Loi du 4 juin 1864, art. 1er.	
ART. 109. — Tout membre d'un conseil de prud'hommes, qui aura gravement manqué à son devoir dans l'exercice de ses fonctions, sera appelé devant le conseil par le président pour s'expliquer sur les faits qui lui sont reprochés. Si le conseil n'émet pas son avis dans le délai d'un mois à dater de la convocation, il est passé outre. Un procès-verbal est dressé par le président.	Même loi, art. 2.	
ART. 110. — Le procès-verbal est transmis par le préfet, avec son avis, au Ministre. Les peines suivantes peuvent être prononcées, suivant le cas : La censure; La suspension pour un temps qui ne peut excéder six mois; La déchéance. La censure et la suspension sont prononcées par arrêté ministériel; la déchéance est prononcée par décret du Président de la République.	Même loi, art. 3.	
ART. 111. — Le prud'homme contre lequel la déchéance a été prononcée ne peut être élu aux mêmes fonctions pendant six ans à dater du décret qui *prononce cette peine.*	Même loi, art. 4.	
ART. 112. — En cas de plainte en prévarication contre les membres des conseils de prud'hommes, il est procédé contre eux suivant la forme établie à l'égard des juges.	Loi du 18 mars 1806, art. 33.	
ART. 113. — Les conseils de prud'hommes peuvent être dissous par un décret du Président de la République, sur la proposition du Ministre du Commerce.	Loi du 1er juin 1853, art. 16.	Il conviendrait d'ajouter au texte une disposition portant que *les électeurs seront convoqués dans le délai de deux mois*, afin d'empêcher que la vacance ne se prolonge trop longtemps.

TEXTE CODIFIÉ.	LOIS EN VIGUEUR.	OBSERVATIONS.

CHAPITRE VI. — Du local où sont placés les conseils de prud'hommes et des frais qu'entraîne la tenue de leurs séances.

Art. 114. — Le local nécessaire aux conseils de prud'hommes pour la tenue de leurs séances est fourni par les villes où ils sont établis.	Décret du 11 juin 1809, art. 68.	
Art. 115. — Les dépenses de premier établissement sont *également* acquittées par ces villes. Il en est de même des dépenses ayant pour objet le chauffage, l'éclairage et les autres menus frais.	Même décret, art. 69.	
Art. 116. — Le président du conseil de prud'hommes présente, chaque année, au maire l'état des dépenses indiquées dans l'article qui précède. Ces dépenses sont comprises dans le budget municipal. Lorsqu'elles ont été approuvées, le maire en ordonnance le payement d'après les demandes particulières qui lui sont faites.	Même décret, art. 70.	

CHAPITRE VII. — Des sommes qui sont payées aux secrétaires des conseils de prud'hommes, aux greffiers des tribunaux de commerce, aux huissiers et aux témoins.

Art. 117. — *Il n'est rien payé pour la déclaration des parties qui se présentent volontairement devant les prud'hommes pour être conciliées, non plus que pour tout autre acte du secrétariat.*	Décret du 11 juin 1809, art. 58.	
Art. 118. — Il est payé aux secrétaires des conseils de prud'hommes les sommes suivantes : Pour la lettre d'invitation de se rendre au conseil, trente centimes (0^f 30); Pour chaque rôle d'expédition qu'ils délivrent, et qui doit contenir vingt lignes à la page et dix syllabes à la ligne, quarante centimes (0^f 40); Pour l'expédition du procès-verbal qui constate que les parties n'ont pu être conciliées, et qui ne doit contenir qu'une mention sommaire qu'elles n'ont pu s'accorder, quatre-vingts centimes (0^f 80). Pour l'expédition du procès-verbal qui constate le dépôt d'un dessin, un franc (1^f).	Même décret, art. 59.	

TEXTE CODIFIÉ.	LOIS EN VIGUEUR.	OBSERVATIONS.
ART. 119. — Il est alloué les sommes suivantes :	Décret du 11 juin 1809, art. 60.	
Au greffier du tribunal de commerce, pour l'expédition du procès-verbal qui constate le dépôt du modèle d'une marque, trois francs (3^f);		
A l'huissier attaché au conseil de prud'hommes, pour chaque citation, un franc vingt-cinq centimes ($1^f 25$);		
Au même, pour la signification d'un jugement, un franc soixante-quinze centimes ($1^f 75$);		
S'il y a une distance de plus d'un demi-myriamètre entre la demeure de l'huissier et le lieu où doivent être remises la citation et la signification, il sera payé par myriamètre, aller et retour :		
Pour la citation, un franc soixante-quinze centimes ($1^f 75$);		
Pour la signification, deux francs (2^f);		
Pour la copie des pièces, qui pourra être donnée avec les jugements rendus, il est payé à l'huissier, pour chaque rôle d'expédition de vingt lignes à la page et de dix syllabes à la ligne, vingt centimes ($0^f 20$).		
ART. 120. — Il est taxé aux témoins entendus par les conseils de prud'hommes une somme équivalente à une journée de travail, même à une double journée si le témoin a été obligé de se faire remplacer dans sa profession. Cette taxation est laissée à la prudence des conseils.	Même décret, art. 61.	
Si le témoin n'a pas de profession, il lui est taxé deux francs (2^f).		
Il ne lui est point passé de frais de voyage, s'il est domicilié dans le canton où il est entendu. S'il est domicilié en dehors du canton et à plus de deux myriamètres et demi du lieu où il fait sa déposition, il lui est alloué autant de fois une somme double de journée de travail ou une somme de quatre francs, qu'il y a de fois cinq myriamètres de distance entre son domicile et le lieu où il dépose.		
ART. 121. — Au moyen de la taxation dont il est question dans les articles 118 et 119, les frais de papier, de registre et d'expédition seront à la charge des secrétaires des conseils de prud'hommes et des greffiers des tribunaux de commerce.	Même décret, art. 62.	

TEXTE CODIFIÉ.	LOIS EN VIGUEUR.	OBSERVATIONS.
ART. 122. — Tout secrétaire de conseil de prud'hommes, tout greffier de tribunal de commerce, tout huissier convaincu d'avoir exigé une taxe plus forte que celle qui lui est allouée, est puni comme concussionnaire.	Décret du 11 juin 1809, art. 63.	

CHAPITRE VIII. — DES JURIDICTIONS COMPÉTENTES À DÉFAUT DE CONSEILS DE PRUD'HOMMES.

TEXTE CODIFIÉ.	LOIS EN VIGUEUR.	OBSERVATIONS.
ART. 123. — Lorsqu'il n'existe pas de conseil de prud'hommes, lorsqu'il est dissous ou qu'il n'est pas constitué, les litiges sont portés devant les tribunaux ordinaires.		Cet article ajouté au texte en vigueur ne renferme néanmoins aucune innovation. Par la force des choses, lorsque le conseil de prud'hommes n'existe pas ou lorsqu'il disparaît, même temporairement, les litiges, auxquels il faut nécessairement des juges, sont portés devant les tribunaux ordinaires.
ART. 124. — Dans les cas prévus à l'article précédent, les juges de paix connaissent, sans appel, jusqu'à la valeur de cent francs, et, à charge d'appel, à quelque valeur que la demande puisse s'élever, des contestations relatives aux engagements respectifs des gens de travail au jour, au mois et à l'année et de ceux qui les emploient, des maîtres et de leurs ouvriers et apprentis.	Loi du 25 mai 1838, art. 5. (partie)	Le rapport (voir page) propose de substituer à cet article la rédaction suivante : Dans les cas prévus à l'article précédent, les juges de paix connaissent sans appel, jusqu'à la valeur de 100 fr. et, à charge d'appel à quelque valeur que la demande puisse s'élever, de toutes les contestations relatives aux engagements respectifs, soit des fabricants et ouvriers, soit des chefs d'ateliers et des compagnons et apprentis.
ART. 125. — Les dispositions de la loi du 7 août 1850 sont applicables à toutes les causes qui sont de la compétence des conseils de prud'hommes, et dont les juges de paix sont saisis dans les lieux où ces conseils ne sont pas établis.	Loi du 22 janvier 1851, art. 27.	

TITRE II. — Des conseils de conciliation et d'arbitrage.

CHAPITRE Ier. — DISPOSITIONS GÉNÉRALES.

TEXTE CODIFIÉ.	LOIS EN VIGUEUR.	OBSERVATIONS.
ART. 126. — Les patrons, ouvriers ou employés, entre lesquels s'est produit un différend d'ordre collectif, portant sur les conditions du travail, peuvent soumettre les questions qui les divisent à un comité de conciliation et, à défaut d'entente dans ce comité, à un conseil d'arbitrage.	Loi du 27 décembre 1892, art. 1er.	

TEXTE CODIFIÉ.	LOIS EN VIGUEUR.	OBSERVATIONS.
ART. 127. — En cas de grève, à défaut d'initiative de la part des intéressés, le juge de paix *prend d'office des mesures pour parvenir à la réunion d'un comité de conciliation.*	Loi du 27 décembre 1892, art. 10.	
ART. 128. — *Le comité de conciliation et le conseil d'arbitrage sont constitués dans les formes ci-après indiquées.*	Même loi, art. 1er.	

CHAPITRE II. — DE LA CONCILIATION.

TEXTE CODIFIÉ.	LOIS EN VIGUEUR.	OBSERVATIONS.
ART. 129. — Les patrons, ouvriers ou employés adressent, soit ensemble, soit séparément, en personne ou par mandataires, au juge de paix du canton ou de l'un des cantons où existe le différend, une déclaration écrite contenant : 1° Les noms, qualités et domiciles des demandeurs ou de ceux qui les représentent ; 2° L'objet du différend, avec l'exposé succinct des motifs allégués par la partie ; 3° Les noms, qualités et domiciles des personnes auxquelles la proposition de conciliation ou d'arbitrage doit être notifiée ; 4° Les noms, qualités et domiciles des délégués choisis parmi les intéressés par les demandeurs pour les assister ou les représenter, sans que le nombre des personnes désignées puisse être supérieur à cinq.	Loi du 27 décembre 1892, art. 2.	
ART. 130. — Le juge de paix délivre récépissé de cette déclaration, avec indication de la date et de l'heure du dépôt, et la notifie sans frais, dans les vingt-quatre heures, à la partie adverse ou à ses représentants, par lettre recommandée ou au besoin par affiches apposées aux portes de la justice de paix des cantons et à celles de la mairie des communes sur le territoire desquelles s'est produit le différend.	Même loi, art. 3.	

TEXTE CODIFIÉ.	LOIS EN VIGUEUR.	OBSERVATIONS.
ART. 131. — Au reçu de cette notification et, au plus tard, dans les trois jours, les intéressés doivent faire parvenir leur réponse au juge de paix. Passé ce délai, leur silence est tenu pour refus. S'ils acceptent, ils désignent dans leur réponse les noms, qualités et domiciles des délégués choisis pour les assister ou les représenter, sans que le nombre des personnes désignées puisse être supérieur à cinq. Si l'éloignement ou l'absence des personnes auxquelles la proposition est notifiée, ou la nécessité de consulter des mandants, des associés ou un conseil d'administration, ne permettent pas de donner une réponse dans les trois jours, les représentants desdites personnes doivent, dans ce délai de trois jours, déclarer quel est le délai nécessaire pour donner cette réponse. Cette déclaration est transmise par le juge de paix aux demandeurs dans les vingt-quatre heures.	Loi du 27 décembre 1892, art. 4.	
ART. 132. — *Dans le cas prévu à l'article 127,* le juge de paix invite d'office, par les moyens indiqués à l'article 130, les patrons, ouvriers ou employés, ou leurs représentants, à lui faire connaître dans les trois jours : 1° L'objet du différend avec l'exposé succinct des motifs allégués ; 2° Leur acceptation ou leur refus de recourir à la conciliation et à l'arbitrage ; 3° Les noms, qualités et domiciles des délégués choisis, le cas échéant, par les parties, sans que le nombre des personnes désignées de chaque côté puisse être supérieur à cinq. Le délai peut être augmenté pour les causes et dans les conditions indiquées à l'article 131.	Même loi, art. 10.	
ART. 133. — Si la proposition, faite à la requête des parties intéressées ou d'office par le juge de paix, est acceptée, le juge de paix invite d'urgence les parties ou les délégués désignés par elles à se réunir en comité de conciliation. Les réunions ont lieu en présence du juge de paix qui est à la disposition du comité pour diriger les débats.	Même loi, art. 5.	

TEXTE CODIFIÉ.	LOIS EN VIGUEUR.	OBSERVATIONS.
ART. 134. — Si l'accord s'établit dans le comité sur les conditions de la conciliation, ces conditions sont consignées dans un procès-verbal dressé par le juge de paix et signé par les parties ou leurs délégués.	Loi du 27 décembre 1892, art. 6.	

CHAPITRE III. — DE L'ARBITRAGE.

TEXTE CODIFIÉ.	LOIS EN VIGUEUR.	OBSERVATIONS.
ART. 135. — Lorsque l'accord ne s'établit pas *dans le comité sur les conditions de la conciliation*, le juge de paix invite les parties à désigner, soit chacune un ou plusieurs arbitres, soit un arbitre commun. Si les arbitres ne s'entendent pas sur la solution à donner au différend, ils peuvent choisir un nouvel arbitre pour les départager.	Loi du 27 décembre 1892, art. 7.	
ART. 136. — Si les arbitres n'arrivent à s'entendre ni sur la solution à donner au différend, ni pour le choix de l'arbitre départiteur, ils le déclarent sur le procès-verbal, et cet arbitre est *alors* nommé par le président du tribunal civil, sur le vu du procès-verbal qui lui est transmis d'urgence par le juge de paix.	Même loi, art. 8.	
ART. 137. — La décision sur le fond, prise, rédigée et signée par les arbitres, est remise au juge de paix.	Même loi, art. 9.	

CHAPITRE IV. — DISPOSITIONS DIVERSES.

TEXTE CODIFIÉ.	LOIS EN VIGUEUR.	OBSERVATIONS.
ART. 138. — Les arbitres et les délégués nommés en exécution *des articles qui précèdent* doivent être citoyens français. Dans les professions ou industries où les femmes sont employées, elles peuvent être désignées comme déléguées, à la condition d'appartenir à la nationalité française.	Loi du 27 décembre 1892, art. 15.	
ART. 139. — La demande de conciliation et d'arbitrage, le refus ou l'absence de réponse de la partie adverse, la décision du comité de conciliation ou celle des arbitres, notifiés par le juge de paix au maire de chacune des communes où s'étendait le différend, sont, par chacun de ces maires, rendus publics par l'affichage à la place réservée aux publications officielles. L'affichage de ces décisions peut, en outre, se faire par les parties intéressées. Les affiches sont dispensées du timbre.	Même loi, art. 12.	

TEXTE CODIFIÉ.	LOIS EN VIGUEUR.	OBSERVATIONS.
ART. 140. — Les procès-verbaux et décisions mentionnés aux articles *134, 136 et 137* ci-dessus sont conservés en minute au greffe de la justice de paix, qui en délivre gratuitement une expédition à chacune des parties et en adresse une autre au Ministre du Commerce par l'intermédiaire du préfet.	Loi du 27 décembre 1892, art. 11.	
ART. 141. — Tous les actes faits en exécution des *articles 126 et suivants* sont dispensés du timbre et enregistrés gratis.	Même loi, art. 14.	
ART. 142. — Les locaux nécessaires à la tenue des comités de conciliation et aux réunions des arbitres sont fournis, chauffés et éclairés par les communes où ils siègent. Les frais qui en résultent sont compris dans les dépenses obligatoires des communes. Les dépenses des comités de conciliation et d'arbitrage sont fixées par arrêté du préfet du département et portées au budget départemental comme dépenses obligatoires.	Même loi, art. 13.	

TITRE III. — De la représentation professionnelle.

(Aucune loi votée.)

DISPOSITION TRANSITOIRE.

ART. 143. — Les dispositions du titre II (art. 126 à 142) sont applicables aux colonies de la Guadeloupe, de la Martinique et de la Réunion.	Loi du 27 décembre 1892, art. 11.	

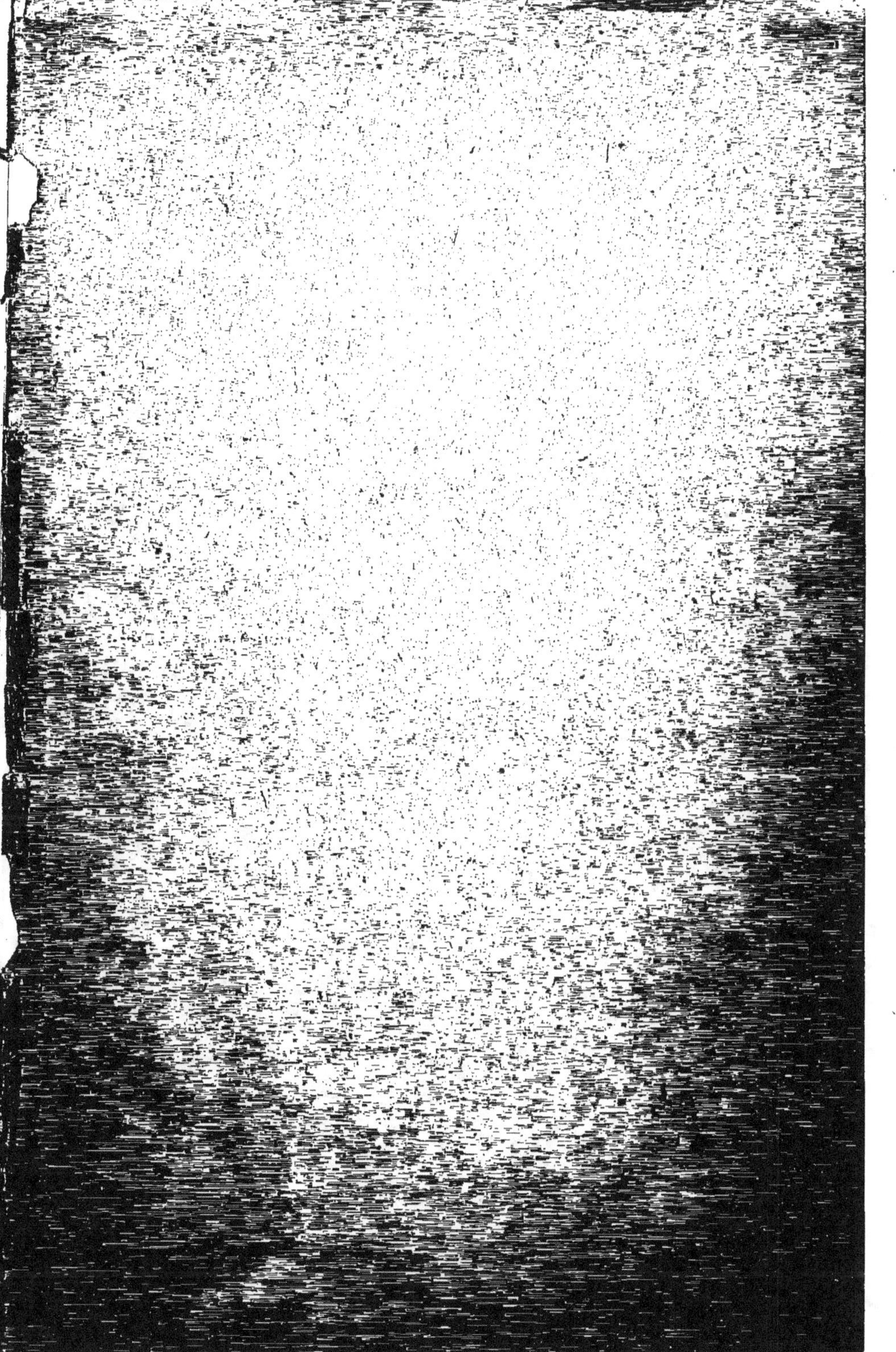

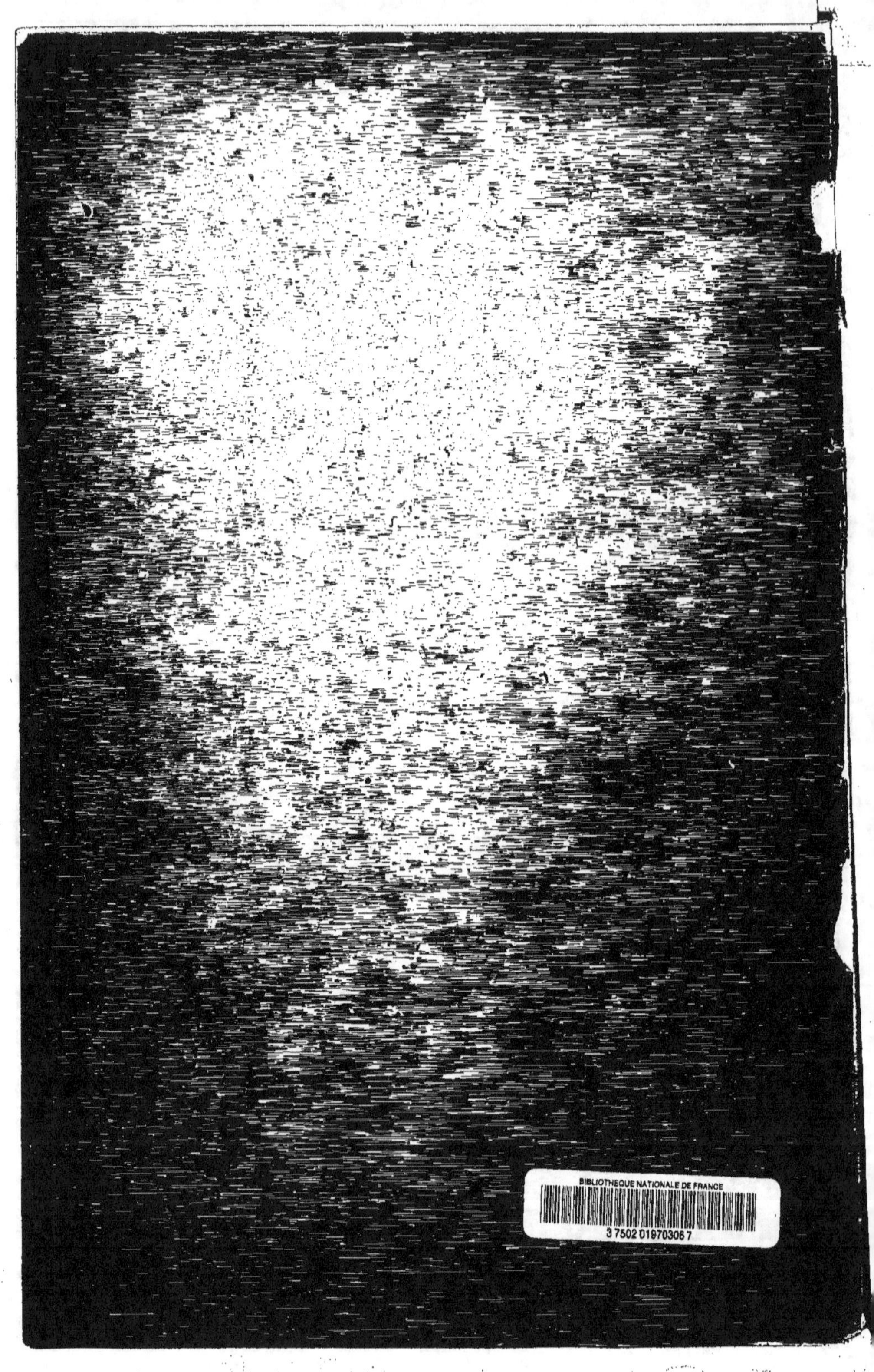